센江 건너 알프스路

센江 건너 알프스路
문희주 디카시집 II

초판 1쇄 발행 2024년 12월 12일

지은이 문희주
펴낸이 장길수
펴낸곳 지식과감성#
출판등록 제2012-000081호

주소 서울시 금천구 벚꽃로298 대륭포스트타워6차 1212호
전화 070-4651-3730~4
팩스 070-4325-7006
이메일 ksbookup@naver.com
홈페이지 www.knsbookup.com

ISBN 979-11-392-2291-3(03810)
값 12,000원

- 이 책의 판권은 지은이에게 있습니다.
- 이 책 내용의 전부 또는 일부를 재사용하려면 반드시 지은이의 서면 동의를 받아야 합니다.
- 잘못된 책은 구입하신 곳에서 바꾸어 드립니다.

지식과감성#
홈페이지 바로가기

센江 건너 알프스路

문희주 文熙周 디카시집 Ⅱ

서 시

바람 따라 물결 따라 떠돌았다
황근꽃 피는 물가에
문주란 꽃 피우는 모래밭에
터 잡은 씨앗, 여기
한 권의 시집으로 꽃을 피웠다

- 월랑 문희주

목차

서 시 · 5

독일의 괴테와 그림형제

분홍벽 · · · · · · · · · · · · · · · · · · · 11
엄지 배 · · · · · · · · · · · · · · · · · · · 12
작은 사과 · · · · · · · · · · · · · · · · · 13
푸른 열매 · · · · · · · · · · · · · · · · · 14
꿀밤나무 아래서 · · · · · · · · · · · 15
별과 학 · · · · · · · · · · · · · · · · · · · 16
괴테의 빛 · · · · · · · · · · · · · · · · · 17
넘사벽 · · · · · · · · · · · · · · · · · · · 18
가을로 가는 길 · · · · · · · · · · · · 19
응원 · 20
사계천국 · · · · · · · · · · · · · · · · · 21
고향이 어디메뇨 · · · · · · · · · · · 22
산길을 간다 · · · · · · · · · · · · · · · 23
라인강 언덕 · · · · · · · · · · · · · · · 24
로렐라이 · · · · · · · · · · · · · · · · · 25
전설 · 26
배산임수 · · · · · · · · · · · · · · · · · 27
다시 싸우려 마라 · · · · · · · · · · · 28

옛이야기 · · · · · · · · · · · · · · · · · 29
자연처럼 이렇게 · · · · · · · · · · · 30
노을 속으로 · · · · · · · · · · · · · · · 31
마지막 꿈 · · · · · · · · · · · · · · · · · 32
성산강인城山江人 · · · · · · · · · · · 33
바램 · 34
환절기 · · · · · · · · · · · · · · · · · · · 35
그림형제 · · · · · · · · · · · · · · · · · 36
백설공주 · · · · · · · · · · · · · · · · · 37
장화신은 고양이 · · · · · · · · · · · 38
마인강 철교에서 · · · · · · · · · · · 39
황혼의 마인강 · · · · · · · · · · · · · 40
개혁이 주도한다 · · · · · · · · · · · 41
영웅이 찾는 세상 · · · · · · · · · · · 42
자랑스런 코리아 · · · · · · · · · · · 43
니므롯이여! · · · · · · · · · · · · · · · 44
시온 가는 길 · · · · · · · · · · · · · · · 45

센江 건너서

복된 땅 유럽 ········· 47
나그네 ············ 48
메기의 추억 ········· 49
문득 ············· 50
센강의 황혼 ········· 51
위대한 프랑스 ········ 52
자유의 여신 ········· 53
잠들 수 없는 강 ······ 54
마카롱 ············ 55
리타이어 ··········· 56
추억을 팝니다 ······· 57
호연지기 ··········· 58
잃어버린 꿈 ········· 59
몽마르트의 기도 ······ 60
메이성한沒成恨 ······· 61
예술을 모른다 ······· 62
파리 판 설치류 ······· 63
흐르는 센강 ········· 64

행복 ············· 65
개선문 ············ 66
더 낮은 곳으로 ······· 67
샹젤리제 컬렉션 ······ 68
오, 샹젤리제 ········ 69

알프스山 너머에

베르네 거리 ················ 71
베르네 아침 1 ············· 72
베르네 아침 2 ············· 73
베르네강 ···················· 74
아름다운 베르네 ·········· 75
옛날을 살까? ··············· 76
학문과 세속 사이 ········· 77
천상의 시간 ················ 78
같고 다른 것 ··············· 79
알프스 가는 아침 ········· 80
알프스 노중 ················ 81
어느 날 꿈꾸었지 ········· 82
인연 ··························· 83
천상의 꽃 ··················· 84
반가운 얼굴 ················ 85
키다리 아가씨 ············· 86
알프스 백향목 ············· 87
알프스 하루 ················ 88

놀라운 알프스 ············· 89
신의 가호 ··················· 90
친구야 미안해 ············· 91
산이 부른다 ················ 92
경외지심 ···················· 93
낙원이 어디랴 ············· 94
때가 가깝다 ················ 95
생애 한번 알프스 ········· 96
산의 자유 ··················· 97
희망과 실망 사이 ········· 98
네게로 가는 길 ············ 99
귀산 ························· 100
님의 세월 ·················· 101

아, 네덜란드 하멜이여!

만찬 ·················· 103
네덜란드 들판 ·········· 104
먹구름 속에 ············ 105
프레데릭 ··············· 106
운하도시 ··············· 107
안나를 그리며 ·········· 108
하멜 ··················· 109
도시 속 등대 ··········· 110
해를 잉태한 바다 ······· 111
헤이그 갈매기 ·········· 112
석양 ··················· 113
해변식당 ··············· 114
님은 어디에 ············ 115
호린험에서 ············· 116
구하오니 ··············· 117
가을비 ················· 118
진주 귀걸이를 한 소녀 ···· 119
해부학 실험 ············ 120

떠나는 마음 ············ 121
귀가 ··················· 122
평안히 가세요 ·········· 123
천국 가는 길 ··········· 124
숙면 ··················· 125
여명 ··················· 126

독일의 괴테와 그림형제

분홍벽

심상치 않은 날씨, 그래도
고향의 협죽도를 본다
괜찮아질거야 제주도처럼

엄지 배

붉은 게 신기해
가만히 쳐다본다, 야!
올망졸망 옛말해!

작은 사과

망고처럼 매달려 익는다
아담 없는 동산 새들이 만찬한다

푸른 열매

꽃필 무렵

푸름에 숨은 열매

부끄러워도 이렇게 한 시절

꿀밤나무 아래서

밤늦게까지 놀고 싶어도 나는 가야 해
해 뜨고 날 새면 꿀밤나무 추억뿐

별과 학

미루나무 꼭대기 별 걸었더니

나무나무 풀 풀 이슬이더니

소학처럼 소리내며 나르는 냇물

괴테의 빛

예술혼 깃들어 문학의 신 되었던가
정오의 빛이여, 오
시대가 흘러도 찬란한 빛!

넘사벽

프랑크푸르트 솟는 빌딩도
교만한 프라이드 독일 콧대도
넘을 수 없는
사람,
괴테의 **벽**

가을로 가는 길

밀이삭 베인 자리
해바라기 핀 벌판
소여물 옥수수 아직 푸른데
독일 병사 함성이 꼿꼿하구나

응원

지지하노라 우크라이나!
힘내라 우크라이나!
나의 기도가 그대 마음같이 펄럭인다

사계천국

봄 잔디 여름 나무
사철 붉은 가을 단풍
붉은 열매 주목도 성탄을 기다린다

고향이 어디메뇨

미루나무 꼭대기에 고향을 걸어두고
앞 개울에다 세월 띄어 놀았으니
까치가 울어도 소식이 없다

산길을 간다

외할머니 손 잡고 가던 산길
산꿩 놀래 날으면 노루도 컹컹 뛰어나오고
산딸기 홀로 익던 오래된 옛길

라인강 언덕

꽃보다 밀집한 집들 촘촘
집만큼 줄지은 포도넝쿨 틈틈이
저절로 피어난 들판의 꽃들

- 라인 강변에서

로렐라이

더는 숨길 수 없어
안개는 걷혔고 등대가 불 밝혀
나는 더 이상 노래하지 않을거야

전설

더 이상 비추려 마라
밝히려 마라
간직한 전설 가만히 꿈꾸게 놓아두어라

배산임수

니데트발트산이 품고
라인강 눈앞이니
이 땅 어디서 낙원 찾으랴

다시 싸우려 마라

청포도 익어가는 뤼데스하임
추억 싣고 떠나는 니데르발트 언덕까지
주절
주절 열리던 고난의 시절

옛이야기

백로가 벗어놓은 하얀 깃털
곱게 피었구나 강변길 따라
어찌 잊으랴 고향마을 옛이야기

자연처럼 이렇게

한 채의 집인들 거스려 지으랴
이 땅 다시 짓밟혀도
산처럼 바위처럼 물가에 이렇게

노을 속으로

빛나던 영혼 옥구슬이여
붉은 노을 속으르 떠나는 기차여
또다시 떠나는 순례자여

마지막 꿈

이제 고성이다, 낡았어
상록으로 풍덩…
푸르게 지면
바다로 떠나간 애들 기다린다

성산강인 城山江人

역사 품은 고성城이여
성을 품은 산山이여
흐르는 강江처럼
못 품고 못 지키며 달리는 인간人間

바램

오 갈 때마다 불러 세웠지
이런 집 어때?
고향에 짓고 싶은 내 스타일

환절기

꾸무적거리던 여름이
기둥 타고 가려한다 가을로

그림형제

하나우 마을에 그림형제 있으니
백년 지나도 함께한다
장화신은 고양이와 백설공주
헨젤과그레텔 살아 있는 마을로

백설공주

바늘찔린 엄마 피를 보며 생각했지
백설공주 예쁘다는 거울의 소리
다시 살린 왕자 계모가 독사과로 공주 죽여도
그림형제 동화로 행복한 마을이여!

- 독일 하나우에서

장화신은 고양이

지명수배당한 고양이 무스여!
마법의 콩을 빼고
황금열쇠로 인생을 역전하는 천재여!
즐거운 그림형제 에니메이션

마인강 철교에서

저 멀리 프랑크푸르트
치솟는 빌딩 숲 맨해튼이련가
철교가 밀어 올린 마인강 붉은노을

황혼의 마인강

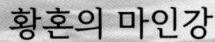

물새들 집 찾는 머언 하늘에
붉은 노을 깨며 가는 고단한 배처럼
그래도 떠나갈 순례자 고향

개혁이 주도한다

네덜란드 떠나온 오백 년 하나우
믿음으로 역사 품고 예술도 창조한
개혁의 용사 도시의 증인이여

영웅이 찾는 세상

백년만에푸른달찾아우유처럼하얀소타고피처럼붉은망
토노랑머리나부끼며빛나는구두신고숲으로가라할머니
잡으려는늑대를잡아라

자랑스런 코리아

이국땅 프랑크푸르트 현대를 본다
간호사 딸려 캐다 은발 된 오빠 누이들
오십 지난 독일에 코리아 해가 뜬다

니므롯이여!

필요한 돈은 쌓되 피는 쌓지 마라
땅을 바라보며 하늘을 닫지 마라
니므롯의 전철을 밟지 마라

시온 가는 길

오랜 세월 갈고 닦여 매끄러운 길
맨발인들 어떠랴 천성 가는 고운 길

- 독일 마인츠에서

센江 건너서

복된 땅 유럽

비 없이 맑은 하늘
새벽이슬 촉촉히 자라는 곡실
포도열매 익는 여름
부러워라 유럽, 복된 땅이여

나그네

고갯길 굽이굽이 돌아 넘는 길
너도밤나무는 아직 푸른데
가을로 떠나는 순례자의 길

메기의 추억

메기와 놀던 동산 수풀도
물레방아 소리도 적막강산인데
쩌어엉하고 열리는 청천하늘

문득

꽃 피던 시절도 분수처럼 치솟던 날들도
아득하던 첨탑이 더 가까운 날

센강의 황혼

지구 곳곳 객들 떼 지어 응시하니
세이느 황혼이 부끄러워 불거졌다

– 센 강변에서

위대한 프랑스

깨어 있으라 잠들 수 없는 밤
머리에 깃발 꽂고 불 밝힌 초병

자유의 여신

누가 속박하는가 여신의 자유
올림프아 신들 떼 지은 난무

잠들 수 없는 강

수백 척 배들이 강을 휘젓고
에펠이 불 밝혀 깨어 있으니
뉘라서 깜빡 졸기나 할까

마카롱

프랑스 남자처럼 나는 싫다
강렬한 달콤함

리타이어

집 있어도 일 없으면
일 있어도 건강 잃어 그만인 것을
그대여,
타이어를 새로 갈아라

추억을 팝니다

두고 가는 아쉬움
가져가는 부담감, 한 장의 화폭
과제는 흥정

호연지기

평원 위에 널리 퍼져 위아래 모르더니
파리쟝 가슴처럼 오똑한 몽마르트

잃어버린 꿈

라굴뤼를 꿈꾸던 발라댕이여,
그대 삶은 충분이 슬펐다
몽마르트 인파 속 빨간 스타킹 이미 낡았다

몽마르트의 기도

프랑스의 패전도
잔 다르크 역사도
물랭 루주 댄서의 설움도
모두 품고 가는 사크레쾨르여!

메이성한 沒成恨

파리를 품으려던 디오니시우스여!
님의 뜻 담기에
사크레쾨르가 비좁지 아니한가!

예술을 모른다

부끄러워라 문외한이여

낫놓고 ㄱ자 모른다더니

파리보고 예술을 모른다 하니…

파리 판 설치류

몽마르트는 프레리도그
센강에는 뉴트리아
에펠탑에는 날다람쥐가
호텔 방 박쥐들과 파티로 간다

흐르는 센강

결코 나서지 않는다
그대가 나서지 않는 한 겸손하게
그저 더 낮은 곳을 향할 뿐
한 조각 추억도 버리지 않는다

행복

작은 가방 하나 붓 한 자루 벼루와 먹 있으니
어디라 머물러 쉬지 못할까
친구여 둥둥 강물 따라 가보세

개선문

산자여, 그대가 시저보다 나으니
열면 닫을 자 없고 닫으면 열 자 없으니
나가자 저 문, 복되도다 지금

더 낮은 곳으로

드러내지 않고 한 끼를 구한다
본능에 충실한 합장
하루가 버겁다 샹젤리제는

샹젤리제 컬렉션

생제르맹 유니폼 낯익은 이름
유소년 축구팀 손자놈 붙잡는다
이방서 보는 한국 선수이름

오, 샹젤리제

밀물은 있어도 썰물이 없다
오, 샹젤리제

오늘도 조수 없는 개선문

알프스山 너머에

베르네 거리

하늘 얽힌 그물 타고
베르네 옛길 쓸고 가는 붉은 거미
돌단 인도 지나는데
벙어리 자동차가 미끄러진다

베르네 아침 1

해가 뜨면 드러나리 너희의 의
아희야 기뻐하고 즐거워하자
날마다 새로워라 너희 빛을 아침같이

베르네 아침 2

높고 하얀 집 두고 헤매이누나
기약 다시 없는 베르네 아침

베르네강

베르네 사람들은 강을 떠나 못산다
폭격하는 다리 밑 배 띄워 첨벙대다
한 바퀴 시내 돌고 다시 강을 찾는다

아름다운 베르네

알프스 눈 녹아 베르네 흐른다
바위 깎여 옥 녹은 듯 맑고 푸르구나
머무르지 못하는 베르네 순례자

옛날을 살까?

초원에 소 귀하니 목동 귀하고
요들도 귀하니 방울인들 안 귀하랴
귀 대보니 딸랑딸랑 초원의 소리

학문과 세속 사이

30여 년 베르너 미국 간 천재
학문 속 수수께끼다 풀지 못한 세속

천상의 시간

시간 받은 천군은 황금 옷 입고
종탑에 올라서 덩… 덩… 덩 더 덩
소금처럼 뿌리는 천상의 시간

같고 다른 것

시계 소리 달라도 같이 우는 시간
방울 무게 달라도 같이 모이는 자리

알프스 가는 아침

검은 구름 흩어 양떼구름 되더니
달리는 아우토반
아침 해 구름 헤쳐 푸른 하늘 되더라

알프스 노중

산사나무 울타리 집을 지킨다
강원도 산골 뉘 집인가 하였지
아기 손바닥에 붉든 구슬 쥐여 놓고

어느 날 꿈꾸었지

천국을 꿈꾸었지

나 어느날

그립다 보고 싶다 천상의 초원

인연

우린 헤어지지 않아 산이 닳아도
하늘 끝에서도 너를 찾지
나에겐 결코 불시착 없어

천상의 꽃

알프스 이슬로 신이 키웠구나
저절로 피고지는 천상의 화원
감탄치 않는 사람 산하에 있느니

반가운 얼굴

제주오름 가을 들녘 물매화 피었지
알프스 언덕에 가득 핀 물매화
날 기다렸구나 초원에 하얗게 피어난 점점

키다리 아가씨

모롱이 피어 찾는 이 없어
서러움 홀로 키웠구나
님 오는 길로 나가지도 못하고

알프스 백향목

그 어떤 나무도 범접치 못해
푸른 초원 저들만 독야청청한 데
그 누가 범접하랴, 알프스 백향목

알프스 하루

산언덕 피어난 초원의 들꽃
피고 진 수많은 우리들의 이야기
훗날에 되겠지 역사나 전설

놀라운 알프스

하늘 맞닿았으니
그대의 기도가 하늘의 다음이라
하늘이 씻는다면 누가 탓하랴

신의 가호

눈을 들어 산을 보라 위대한 신의 가호
성스러운 마음 내려놓나니
주여, 어리석은 자를 용서하소서

친구야 미안해

내 기쁨도 누구에겐 자랑일레라
다시다시 고개숙여 전하는 귓속말
친구야 미안해 나만 여기 와서

산이 부른다

소문이 바람 타니 세계가 끓는다

경외지심

우러러 산 두려워 합장케 하고
골골 작은 시내
엎드리게 하나니
산천이 어찌 저절로 있을까

낙원이 어디랴

푸른 초원 집 짓고
청산에 나무 심어 바람 막으니
무에 걱정이랴 님과 함께라면

때가 가깝다

백발 된 머리칼 때가 가깝다
골 만나 벽 자라고
산 만나 종아리 길어졌으니

생애 한번 알프스

산 쾌청 하늘 뚫을지라도
구름은 산을 덮으려 아니하니
한 많은 세월 그대 앓이라

산의 자유

토끼처럼 풀밭 노는 변덕 많은 구름

독수리 날아도 꿈쩍 않는다

희망과 실망 사이

산을 뒤로 하고 더 높은 산을 찾는 사람은
결국 높은 산 다시 찾아 나설거야

네게로 가는 길

청산아 네게로 가는 길이 있구나
고향 가는 길처럼
소박한 미소로 자유롭게 반겨주는
네게로 가는 길이 있구나

귀산

배낭 지는 사람은
세상 짐도 벗는 사람들이다

님의 세월

알프스 계곡 줄기
한 줄기 세월 흘러 모였는데
누가 기억하랴 님의 눈물 툰 호수

아, 네덜란드 하멜이여!

만찬

소자의 한 그릇 냉수 잊지 못할진대
어찌 잊으랴, 너희 공궤 함

네덜란드 들판

새들도 날개 접고 쉬어 가는 벌판
정오에 물길 반짝이는데
튤립 히아신스 언제 피려나

먹구름 속에

하늘이 초원에 판을 펼치고
미루나무 붓으로 시를 쓴다

프레데릭

가을빛이야 풀잎은 바람보다 먼저 눕는데
프레데릭, 너는 어디서 무엇을 하니
나는 눈 감아도 귀를 열었다

운하도시

대양을 항해하던 열강의 야망
네덜란드여, 17세기 꿈은 저물었지만
아직도 운하는 유럽 제일이라지!

안나를 그리며

안나여!
그대 떠나도 운하 이리 흐르는데
히틀러 악독이 지금도 탁한가

하멜

4세기 전 돛 올려 나가사키 향하던 배
제주에서 풍랑 만나 난파당한 이
한 많은 전설 여기 닻을 내렸구나

도시 속 등대

누가 등불 켜고 말 아래 둘까
밝은 빛 도시 속에 웬 등대일까

해를 잉태한 바다

바다가 하얗게 질려 메스껍다
이 늦은 때에 어찌 해를 잉태하랴

헤이그 갈매기

때론 폭풍 잔 바다에서 쉬고 싶었다
먼 바다 큰 배가 닻 내려 쉬듯이

석양

대서양 떠가는 작은 배 한 척
아버지 아직 부르지 않았는데
집 찾아 가기에는 조금 이른 시간

해변식당

한가득 대서양이 식탁에 올랐다
조개며 가자미 새우 홍합도
몰랐으면 아쉬웠을 해변의 밥상
딸 사위 손자 둘러앉은 상

님은 어디에

칠월 열하루 구름 속 으스름달
한가위 보름인 듯 믿음 속에 밝소이다

호린험에서

포플러 아름다운 호린험 여름
운하에서 수영하던 헨드릭 하멜 소년
종소리 울려 뛰어가던 교회당
세계 품고 기도하든 해 뜨는 나라

구하오니

조선의 수치 아픔 잊어주소서
아름답고 세련된 고향 잊어 십삼 년
우물 안 개구리를 용서하소서
돌하르방 두고 가니 제주의 상심이라

가을비

렘브란트 고흐 그림을 보렸더니
예약 없어 볼 수가 없다 하더이다
내 맘 알아 가을비 먼저 울었소

진주 귀걸이를 한 소녀

영롱한 눈빛 진주처럼 상큼하다
홀로 사랑 베르메르여!

해부학 실험

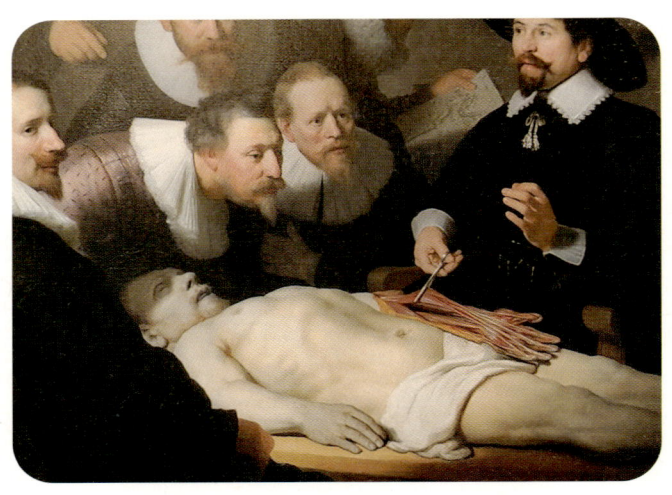

그대 그림 유명할 줄 이미 알았던가
주임교수 칼끝보다 그대 눈길 맞춘 제자
칼끝만큼 세심한 그대의 붓끝

떠나는 마음

딸 사위 손자들 한 달 행복했노라
추억은 남겨도 애달픔 두지 마라
기도하는 마음만 두고 가나니

귀가

사랑은 불꽃처럼 피었다 지는가
믿음 꽃피고 열매 맺는데
푸르던 시절 가도 소망 변치 마라
아희야 어쩌랴 우리 떠날지라도

평안히 가세요

가는 길 잘 가시라 한길로 쭈욱
얽히지 말고 쭉 가시라
훌훌 들이키던 마지막 국수

천국 가는 길

천국 가는 길 몰라도
그대여, 표 끊고 공항으로 가보라
태워 줄 비행기가 대기해 있다

숙면

어둠이 오는 것을 두려워 마라
낮이신 분이 기다리신다
새벽이 오리니 포근히 잠들라

여명

잠과 깸 사이 끼어든 빛이여!
계곡을 탈출한 부활의 몸부림, 오
빛 속에 열리는 새 아침이여!